12,407

Seignonot

la Parfaite-Emilie

Reglements de cette
R∴ L∴ soumis à l'approbation
de D. O.

20 Juillet 1813.

15 Juillet 1813
G. de Beaumont

Cap..... Orateur.

à la ..... Symb...

le dépot aux archives
les Reglement étant conformes aux
Statuts généraux de la maçon....

CHAPITRE I.er

SECTION PREMIÈRE.
Composition de la Loge.

ARTICLE PREMIER.

La L∴ de la PARFAITE AMITIÉ à l'O∴ de PIGNEROL reconnait pour ses fondateurs les FF∴ dont les noms suivent : savoir,

GEYMET.
RICHE.
MARAUDA.
TOURNADE.
ALLIAUD Hyacinthe.
SIMONDI.
TOUSSAINT.
BREZZI.

ART. 2.

Le Fr∴ GEYMET Premier Vénérable de la L∴ est proclamé Vénérable d'honneur à perpétuité.

ART. 3.

Chaque année il y aura deux Fêtes extraordinaires, la première au 29.ᵉ j∴ du 9.∴ mois jour de l'installation de la L∴ et de la consécration du Temple ; la 2.ᵐᵉ au 30.∴ j∴ du 5.∴ mois, jour de l'inauguration du Buste de NAPOLÉON I.er EMPEREUR DES FRANÇAIS, ROI D'ITALIE, PROTECTEUR DE LA CONFÉDÉRATION DU RHIN etc. etc. etc. Ces deux jours sont consacrés à des actes de bienfaisance de la L∴.

ART. 4.

La L∴ de la PARFAITE AMITIÉ est formée par la réunion de tous les FF∴ portés sur le Tableau.

Les travaux sont consacrés A.˙. L.˙. G.˙. D.˙. G.˙. Ar.˙. D.˙. L.˙. U.˙. au nom et sous les auspices du G.˙. O.˙. de France, dont elle observe fidellement les constitutions; Elle se declare formellement soumise aux lois du Gouvernement Français.

ART. 5.

La L.˙. a établi dans son sein plusieurs comités chargés des différentes branches de gouvernement de l'Att.˙. Les travaux de la L.˙. et ceux des comités sont dirigés par des Officiers.

ART. 6.

Les Officiers de la L.˙. sont au nombre de 17.

Vénérable.
Pr.˙. Surveillant.
2.˙. Surveillant.
Orateur.
Secrétaire.
Trésorier.
Garde des sceaux et timbres.
Garde des archives.
Architecte.
Maître des cérémonies.
Hospitalier.
Pr.˙. Expert.
2.˙. Expert.
Ordonnateur des banquets.
Couvreur.
Fr.˙. Terrible.
Député au G.˙. O.˙.

ART. 7.

Il pourra être nommé un, ou plusieurs adjoints à toutes les dignités autre que celle du Vén.˙. à laquelle l'ex-Vén.˙. est adjoint né.

Le Vénér.˙. d'hon.˙. jouit de tous les droits et prérogatives accordés au Vén.˙. titulaire par le présent réglement.

CHAPITRE IIme

SECTION PREMIÈRE.

Des Dignitaires.

ART. 8.

Les fonctions de dignitaires sont annuelles.

ART. 9.

Les Officiers dignitaires ne peuvent être rénouvellés que deux fois, ainsi nul Maç∴ ne peut couvrir consécutivement la même charge que pendant trois ans, excepté le député au G∴ O∴

ART. 10.

Il faut être revêtu du 3.me grade pour être élu dignitaire.

ART. 11.

L'élection ou renouvellement des Officiers dignitaires doit se faire dans l'avant dernière séance ordinnaire qui précéde la S.t Jean d'été.

ART. 12.

Dans le cas, que dans cette séance toutes les opérations ne puissent se terminer, il n'y a pas lieu pour cet objet à fixer une séance extraordinaire, mais ce qui reste à faire, doit être claire-ment exprimé dans la planche, et terminé dans la dernière séance ordinaire avant la S.t Jean d'été.

ART. 13.

L'heure de convocation de ces assemblées doit être la même que pour les autres séances, et dans le cas que le Ven∴ juge conve-nable (attendu la longueur des travaux) de dévancer l'heure de convocation, il en prévient la L∴ et fixe l'heure pour la pro-chaine séance avant la cloture des travaux.

ART. 14.

Dans les séances où l'on s'occupe des élection, nul profane ne peut être initié, nul avancement de salaire donné, nul autre objet enfin doit entretenir la L∴

SECTION DEUXIÈME.

Du mode des élections des Dignitaires.

ART. 15.

Le Vénérable prévient tous les FF∴ que les votations sont tout à fait libres, quelles se feront par scrutin secrèt, et individuel pour chaque dignitaire; mais leur fait observer qu'il est avantageux pour la L∴ que les cinq premières lumières ayent la facilité de parler, et écrire en français.

ART. 16.

Le Secrétaire donne lecture des articles composant les trois premières sections du chapitre 2. de ce réglement.

ART. 17.

L'Orateur ensuite dans un court morceau d'architecture fait voir le bonheur de la L∴ dans le bon choix de ceux qui doivent la diriger.

ART. 18.

Le premier scrutin est pour la nomination du Vénérable, le second pour le premier Surveillant, ainsi de suite dans l'ordre qu'ils sont placés dans le chapitre premier.

ART. 19.

Tous les scrutins se feront strictement dans la manière ci-après indiquée.

ART. 20.

Un Expert sur l'invitation du Vénérable s'assure du nombre des votans, et leur nombre hautement prononcé par l'Expert, le Secrétaire en prend note.

Art. 21.

Aussitôt le nombre connu et noté par le Secrétaire, tous les FF∴ qui entreront après en L∴ se placeront provisoirement derrière les Surveillans, et ne participeront qu'aux scrutins successifs, et à cet effet les FF∴ Couvreurs, et Surveillans surveilleront à ce que tout F∴ qui entre lorsqu'un scrutin est commencé, ne se place sur les colonnes que lorsque ce scrutin sera terminé.

Art. 22.

Sur une table placée au milieu de l'Att∴ les Experts mettront autant de bulletins en blanc marqués du sceau de la L∴ qu'il y aura des FF∴ pour la votation dont est cas, et une boëte à l'instar de celle des pauvres sur la dite table, le Secrétaire aura déposé un état de tous les FF∴ ayant le 3.ᵉ grade avec un émargement indiquant depuis quand tel Maç∴ est dignitaire.

Art. 23.

Il ne peut rigoureusement se trouver sur cette table ni plus, ni moins de bulletins qu'il y a de votans.

Art. 24.

Le format des bulletins sera désigné par le F∴ Archit∴

Art. 25.

Ils ne seront désignés par l'Archit∴ et faits par les Experts qu'au moment où l'on s'est assuré du nombre des votans.

Art. 26.

Le format des bulletins sera différent pour chaque scrutin.

Art. 27.

Aussitôt la confection des bulletins terminée, le premier Expert en apportera au Vénér∴ ensuite aux Surveillans afin qu'ils y inscrivent leurs votes pour le Dignitaire à nommer ; il se tiendra à une distance pendant qu'ils écrivent, et sans faire attention au contenu des bulletins, en les reprenant les mettra dans la boëte à fur et mesure qu'ils sont faits, étant convenable que les trois

6

lumières qui doivent diriger et surveiller les travaux n'ayent pas
à se déplacer.

ART. 28.

Sur l'appel du premier Expert ou indication individuelle, les
autres Dignitaires ensuite tous les FF.·. qui décorent les colonnes,
s'approcheront à la fois de la table du milieu placée *ad hoc*, in-
scriront leur vote sur un bulletin qui leur sera consigné par le
premier Expert, et le jetteront avec les autres dans la boëte.

ART. 29.

Nul F.·. n'a le droit de substituer aux bulletins confectionnés en
L.·. un autre bulletin ou billet quelconque écrit en L.·. ou précé-
demment, étant utile qu'il y ait l'uniformité dans les bulletins, et
d'ailleurs nul F.·. ne doit s'occuper antérieurement de l'objet que
les rassemble en L.·.

ART. 30.

Sur les bulletins un seul doit être proposé.

ART. 31.

Quant tous les FF.·. ayant droit à voter auront émis leur vote,
les deux Experts apporteront la boëte qui les renferme au Vénér.·.
le quel en les énumérant hautement en leur présence, ainsi que
du Maître de cérémonies s'assurera si le nombre des bulletins est
égal au nombre des votans dont le Secrétaire a du prendre note
avant le scrutin.

ART. 32.

Dans le cas, que le nombre soit inégal, les Experts s'assureront
de nouveau du nombre des FF.·. toujours en excluant ceux qui
sont entrés en L.·. lorsque le nombre avait déja été précédem-
ment fixé ; L'Archit.·. donnera un autre format pour les bulletins,
et le scrutin sera refait dans le mode précité.

ART. 33.

Si le nombre des bulletins est égal au nombre donné des votans,
alors le Vénér.·. les lit tous hautement, et lentement de manière
que le Secrét.·., le premier et second Surveillans puissent en
prendre note,

ART. 34.

Le Secrét.·., premier et second Surveillans prendront note en écrivant les différents noms les uns au bas des autres successivement à mesure qu'ils sont prononcés, et dans le cas que les noms soyent répétés, ils mettront un chiffre arabe à droite du même nom en commençant par le numéro 2.

ART. 35.

Aussitôt que le Vénér.·. aura terminé la lecture des bulletins, le Secrét.·., premier et second Surveillans tireront deux traits de plume, l'un dessous les noms écrits, l'autre à coté des chiffres existants horizontallement aux noms répétés.

ART. 36.

Sur l'invitation du Vénér.·. le Secrét.·., premier et second Sur.·. un après l'autre déclareront hautement les noms des FF.·. qui ont eu plus de voix, en détaillant aussi le nombre des voix que chaque proposé a eû.

ART. 37.

Dans le cas qu'il y ait parité de voix sur deux FF.·. ou plus, le Vén.·. fera recommencer le scrutin toujours dans le mode sus indiqué, prévenant cependant les FF.·. que leurs votations ne peuvent rouler que sur les FF.·. qui auront un nombre égal de voix, les noms des quels seront par lui répétés, et dans le cas que le scrutin donne un autre nombre égal de voix, le sort décidera de celui qui aura obtenu la préférence, et cette formalité du sort sera dirigée par le Vénérable.

ART. 38.

La simple majorité des voix suffit pour la nomination.

ART. 39.

Aussitôt la simple majorité obtenue le Vénér.·. proclamera le F.·. qui a eû plus de voix pour telle place de Dignitaire pour la quelle le scrutin a eû lieu, et invitera le F.·. Secrét.·. d'en faire mention expresse dans la planche.

ART. 40.

Les formalités prescrites par tous les articles de cette section, les quatre premiers exceptés, seront rigoureusement observées dans chaque nomination de Dignitaire.

ART. 41.

Après le nomination du Vénér.·. un triple *Vivat* sera porté.

ART. 42.

Un autre triple *Vivat* sera porté à la fin pour tous les autres Dignitaires collectivement.

ART. 43.

Les Dignitaires n'entreront en fonctions qu'après avoir été installés.

ART. 44.

Tout Dignitaire nouvellement élu qui ne sera pas présent à l'installation, prêtera son obligation la séance suivante, et s'il démeure trois séances ordinaires consécutives y compris celle de l'installation sans y intervenir et sans cause légitime, il sera censé dimissionnaire de sa dignité.

SECTION TROISIÈME.

Des Adjoints, et du mode de leur nomination.

ART. 45.

Les Adjoints devront avoir le grade de Maître.

ART. 46.

Nul F.·. ne peut être cumulativement Dignitaire, et Adjoint à un autre Dignitaire.

Les Adjoints aux Surveillans, Experts, Maître de cérémonies Secrét.·. et C ouvreur seront à la nomination de la L.·. la quelle sera faite ainsi que pour les Dignitaires en titre, et lors de leurs nomination.

Art. 47.

Les autres Adjoints seront proposés par les Dignitaires, et agréés par le seul Vénér.·. sur les conclusions de l'Orateur.

Art. 48.

Les Dignitaires peuvent faire agréer leurs Adjoints dans une séance exraordinaire, et séparément.

Art. 49.

Les Adjoints doivent être agréés au plus tard dans la séance subséquente à la S.t Jean d'été.

Art. 50.

En cas d'absence momentanée du Dignitaire en titre, et de son Adjoint, le Vén.·. en nommera pour le remplacer provisoirement un autre parmi les Maîtres.

Art. 51.

En cas de décès ou démission expresse ou tacite d'un Dignitaire en titre, et de son Adjoint, la L.·. en séance ordinaire nommera un second Adjoint pour le remplacer jusqu'au renouvellement de tous les dignitaires.

Art. 52.

Le Secrétaire aura trois adjoints.

CHAPITRE III.me

De l'Installation des Dignitaires.

Art. 53.

L'installation des Dignitaires aura toujours lieu le jour que l'on célébrera la fête de la S.t Jean d'été.

Art. 54.

Aussitôt que les travaux seront ouverts après la lecture de la planche des derniers travaux, le Vénér.·. sortant ou confirmé annoncera que l'on va procéder à l'installation des Dignitaires nouvellement élus ; Les deux Surveillans répétent cette annonce, ensuite le Vénér.·. ordonnera lecture de la planche de l'élection des Dignitaires.

ART. 55.

Note des Dignitaires élus, ou réélus, sera remise par le Secr.·. au Maître des cérémonies.

ART. 56.

S'il s'agit d'installer un Vénér.·. nouvellement élu, le Vénér.·. sortant invitera le Maître de cérém.·. à conduire à l'O.·. le Vén.·. élu, et tandis que le Maître de cérém.·. s'acquitte de cette charge, tous les FF.·. se lévent de bout, et se tiennent à l'ordre glaive en main jusqu'à ce que le Vénér.·. élu ait prêté son obligation.

ART. 57.

Le Vén.·. élu prête à l'O.·. l'obligation de remplir les fonctions de son office.

ART. 58.

Après que le Vén.·. élu a prêté son obligation, il est conduit par le Maître des cérém.·. entre les deux Surveillans, et le Vén.·. sortant annonce que le F.·. N.·. a été élu Vénér.·. de la L.·., il invite tous les FF.·. à le reconnoître en cette qualité, ce qui est répété par les Surv.·. et on lui décerne une triple batterie.

ART. 59.

Ensuite le Vén.·. sortant députe 7 Dignitaires de l'Att.·. pour aller reçevoir le Vén.·. entre les Surveill.·. et le conduire à l'O.·.

ART. 60.

Tous les FF.·. qui garnissent intérieurement les colonnes font la voûte d'acier, le Ven.·. élu est conduit sous cette voûte jusqu'au milieu de l'Att.·. par le Maître de cérém.·., par l'Expert et par les 7 Dignit.·., et pendant toute la marche du Vén.·. les maillets des Surveill.·. battent au premier grade, et la musique joue une marche militaire.

ART. 61.

L'Ex-Vén.·. quitte l'Or.·. et précédé de l'Adjoint du Maître des cérém∴ et de l'Adj∴ Exp∴ s'avance vers le nouveau Vén∴ au quel il remet le premier maillet.

Art. 62.

Le nouveau Vén∴ est conduit sous la voûte d'acier à l'Or∴ par l'Ex-Vén∴, le Maître de cér∴ et son Adj∴ l'Exp∴ et son Adj∴ et les 7 Dignitaires, pendant cette marche la musique joue également une marche militaire.

Art. 63.

Si le Vén∴ a été réélu, aussitôt que le Maître des cér∴ aura reçu la note des Dignit∴ l'Orat∴ demandera la parole et prononcera un morceau d'Arch∴ au Vén∴ réélu qui tiendra lieu de son installation, et après ce discours sur l'invitation du même Orat∴ on portera au Vénér∴ une triple batterie, et ensuite la musique jouera un *allegro*.

Art. 64.

Tout Dignitaire élu est conduit à l'Or∴ par le Maître des cér∴ et y prête son obligation, et pendant qu'il la prête tous les FF∴ qui garnissent intérieurement les col∴ se tiennent également à l'ordre glaive en main, ensuite il est conduit à la place qu'il doit occuper en conséquence de son office, et le Dignit∴ sortant lui remet les marques de sa dignité.

Art. 65.

Un Dignitaire réélu qui a déja prêté son obligation en la même qualité ne la renouvelle point, mais il est proclamé.

Art. 66.

L'installation de chacun des Surveill∴ sera couverte par une batterie, et celle de tous les Dignitaires sera couverte collectivement.

Art. 67.

Les Dignitaires ne prennent rang sur le tableau, que du jour de leur installation.

CHAPITRE IVme

Des attributions, et devoirs des Dignitaires.

SECTION PREMIÈRE.
Du Vénérable,

ART. 68.

Le Vénérable est le premier Officier de la L∴ il préside toutes les assemblées, et tous les comités ; il peut convoquer la L∴ extraordinairement.

ART. 69.

Dans le cas d'urgence majeure et d'impossibilité absolue d'en demander la permission au Vén∴ la L∴ peut être convoquée extraordinairement par l'Ex-Vén∴ en absence de celui-ci par le premier Surv∴ et en son absence par le 2.^d

ART. 70.

Il nomme seul les membres de toutes les commissions dont il est Président né, et dont il ne peut choisir les membres que parmi les Maîtres.

ART. 71.

Il répond de la régularité des travaux, et veille à ce que rien ne se passe dans la L∴ qui soit contraire aux lois de l'État.

ART. 72.

Il doit maintenir l'observation des réglemens généraux et particuliers.

ART. 73.

Toutes les planches des assemblées, les certificats, les lettres émanées de la L∴ et les mandats de dépenses doivent être signés par lui.

ART. 74.

Il accorde seul la parole.

ART. 75.

Il a seul le droit de communiquer nos mistères aux nouveaux initiés.

Art. 76.

Il peut fermer les travaux même au milieu d'une délibération lorsque la prudence le lui suggère.

Art. 77.

Tout F∴ aura le droit de faire des propositions, mais le Vén∴ seul aura celui de les mettre en délibération, il ne pourra cependant s'en dispenser lorsqu'il en sera réquis par les 3/4 des membres qui se trouvent en L∴ ou par les deux Surv∴.

Art. 78.

Lorsque dans une discussion les FF∴ sont en nombre pair et que les avis sont également partagés on recommence un second scrutin qui passera deux fois devant le Vén∴ excepté le cas prévu à l'art. 37. sect∴ 2∴me du chapitre 2∴me

Art. 79.

Le Vén∴ ne peut être repris en L∴ on a seulement le droit de lui faire des observations.

Art. 80.

Quelque fondé que puisse se croire un Fr∴ de l'Att∴ à se plaindre du Vén∴ il ne pourra se permettre de le faire publiquement, cette marche étant inconvenante au respect que tout Maç∴ doit à cette Dignité ; dans ce cas cependant le F∴ qui se croirait lésé devra s'adresser à l'ex-Vén∴ qui est autorisé à convoquer *proprio motu* le comité supérieur.

Art. 81.

Tout F∴ qui préside la L∴ en absence du Vén∴ jouit de ses privilèges et est soumis à ses obligations.

Art. 82.

Le Vén∴ en quittant ses fonctions prend le titre d'Ex-Vénér∴ jusqu'au renouvellement des élections.

SECTION DEUXIÈME.

Du premier et second Surveillans.

Art. 83.

Les Surveillans auront après le Vén∴ l'autorité maçonique sur toute la L∴

Art. 84.

Ils annonceront les travaux proposés par le Vén∴ ou celui qui en fait les fonctions en répétant avec exactitude, et autant que possible identiquement et successivement chacun pour sa colonne.

Art. 85.

Ils auront le droit de présider la L∴ et de la faire convoquer, ainsi que les différens comités en cas d'absence du Vén∴ ou de l'Ex-Vén∴ ainsi que de remplir toutes leurs fonctions.

Art. 86.

Ils ont la parole de droit, et ils la prennent en frappant un coup de maillet.

Art. 87.

Ils veilleront à ce que les FF∴ soient à l'ordre, et travaillent avec régularité, ils avertiront le Vén∴ de ce qui se passe dans l'intérieur de l'Att∴ et de ce qui leur est annoncé de déhors ; ils ne pourront dans aucun cas demander au Vén∴ la parole pour un F∴ avant que celui-ci ne la leur ait demandée.

Art. 88.

Ils interrompront les FF∴ qui parleraient sans permission, et qui feraient des observations étrangères à l'objet mis en délibération, ou conçues en termes non maçoniques.

Art. 89.

Ils n'accorderont la permission de couvrir le Temple une fois les travaux commencés qu'à eux des FF∴ qui seront dans l'intention de rentrer avant la clôture des travaux ; dans tout autre cas ils en préviendront le Vén∴ qui seul pourra permettre de se rétirer.

Art. 90.

Ils ne pourront quitter leuis places pendant les travaux sans avoir obtenu du Vén∴ la permission de se faire remplacer.

Art. 91.

Les Surveillans ne seront que sous l'unique censure du Vén∴ et si quelques FF∴ avaient à se plaindre de l'un, ou de l'autre, ils ne pourraient le faire publiquement, mais ils devraient s'adresser au Vén∴ et en son absence à l'Ex-Vén∴ qui convoquera si le cas l'exige le Comité supérieur.

Art. 92.

Le premier Surveillant ne pourra jamais tenir le 3∴me maillet.

Art. 93.

Ils auront toujours devant eux le cahier du grade, afin d'observer régulièrement les travaux, et de pouvoir aider les FF∴ qui ne repondraient pas littéralement aux demandes de l'instruction.

Art. 94.

Les Surveillans signeront toutes les esquisses, planches tracées dans l'Att∴ et les certificats.

Art. 95.

Le second Surveillant succédera au premier en cas d'absence, démission, ou autrement.

SECTION TROISIÈME.
De l'Orateur.

Art. 96.

A la fin de chaque séance on donnera lecture de l'esquisse des travaux, la quelle ne pourra être valable sans que l'Orateur conclue qu'elle est conforme aux délibérations prises dans la séance.

Art. 97.

Au commencement de chaque séance, le Secrét∴ déposera sur le bureau de l'Orat∴ l'esquisse des travaux de la séance précédente.

16

ART. 98.

Pendant la lecture de la planche des derniers travaux l'Orat∴ s'assurera si elle est parfaitement conforme à l'esquisse.

ART. 99.

Quand la lecture est finie, l'Orat∴ fait part, tout haut, des changemens ou omissions s'il en a rémarqué, ou si elle est exacte.

ART. 100.

Dans chaque séance l'Orat∴ est tenu de prendre note des lettres, et planches ordonnées par la L∴ et de celui qui a tenu la plume en qualité de Secrét∴ dans la dite séance, et si dans trois jours les esquisses des dites lettres ne sont pas presentées à son *visa*, il en demande compte au Secr∴ ou à celui qui en a fait les fonctions qui ne peut en retarder l'expédition sous un pretexte quelconque.

ART. 101.

Si dans les esquisses de ces lettres l'Orat∴ trouve quelque changement à faire, il en fait part à celui qui les a rédigées, et l'erreur se corrige amicalement entr'eux.

ART. 102.

Les esquisses des lettres révêtues du *visa* de l'Orat∴ sont par lui transmises au 2.me Adj∴ Secr∴

ART. 103.

Aucun morceau d'Architecture ne peut être présenté à la L∴ sans avoir été soumis à la censure de l'Orat∴

ART. 104.

Sont exceptées de cette disposition les trois premières lumières, le Vén∴ d'honneur et l'ex-Vén∴

ART. 105.

Un exemplaire des statuts de l'Ordre, et des réglemens de la L∴ est toujours déposé sur le bureau de l'Orat. qui veille spécialement à leur maintient, et en requiert l'exécution toutes les fois qu'il s'apperçoit qu'on s'en écarte.

Art. 106.

Toutes les fois qu'il aura réclamé l'exécution d'un article des réglemens, soit généraux, soit particuliers, et qu'on n'aura pas égard
à sa réquisition, il pourra consigner au bas de la planche tracée
des travaux du jour, son acte de protestation motivée pour ce cas
seulement.

Art. 107.

Lorsqu'un objet a été mis en délibération, l'Orat∴ après une
discussion résume les différentes opinions, et présente d'une manière claire, et précise la question sur la quelle on doit statuer ;
après ce résumé il demande de nouvelles observations, et quand
elles sont terminées il donne ses conclusions.

Art. 108.

Si la question a éprouvée quelque changement, il fait et requiert
encore avant de conclure d'autres observations.

Art. 109.

Lorsqu'un affaire ne lui parait pas suffisamment instruite, ou
qu'elle présente différents objets de discussion, il peut suspendre
ses conclusions, mais il est tenu de les donner à l'assemblée suivante.

Art. 110.

Lorsqu'il a donné ses conclusions, la parole est interdite à
tous les FF∴.

Art. 111.

A chaque réception, et aux fêtes de l'Ordre, il fait un discours
rélatif à la circonstance.

Art. 112.

Il sême des fleurs sur la tombe des FF∴ que la mort a enlevés.

Art. 113.

Aux fêtes de l'Ordre il donne un compte succint des travaux
de la L∴ pendant le semestre précédent ; le Secrét∴ lui remet
sur son récépissé les pièces dont il a besoin pour rendre ce compte;
ce compte est rendu par écrit, et déposé aux archives de la L∴

ART. 114.

L'Orat∴ signe toutes les esquisses, les planches tracées, les patentes, les copies des délibérations, les lettres, enfin tout ce qui émane de la L∴

ART. 115.

L'Orat∴ adjoint remplace toujours l'Orat∴ dans ses fonctions et attributions, et lorsqu'il a été chargé de l'examen d'une affaire en absence de l'Orat∴ il la suit jusqu'au bout, et donne ses conclusions quand même l'Orat∴ serait présent.

ART. 116.

Il ne peut remplacer aucun autre dignitaire.

ART. 117.

L'Orat∴ adjoint qui en a rempli les fonctions entièrement dans une séance, doit après la séance rendre un compt exact et détaillé à l'Orat∴ en titre des travaux qui se sont faits en son absence en ce qui regarde les lettres que le Secrét∴ doit faire passer à son *visa*.

SECTION QUATRIÈME.

Du Secrétaire, et des Adjoints.

ART. 118.

Le Secrétaire est membre né de toutes les assemblées, et de tous les comités, il trace l'objet de chaque discussion, et les délibérations qui seront prises.

ART. 119.

Le Secr∴ a trois adjoints.

ART. 120.

Il désigne, et charge le premier Adjoint de rédiger exclusivement toutes les planches de convocation pour les assemblées, et pour les comités ; cet adjoint signera les dites planches par mandement de la R∴ L∴ en indiquant le jour et heure de l'assemblée, et le banquet s'il y a lieu ; cet adjoint a soin que ces planches de convocation soient parvenues à tous les FF∴ qui ne résident pas dans Pignerol au moins trois jours avant l'assemblée.

Art. 121.

Les paquets adressés au F∴ Secr∴ seront remis par lui au Vén∴ et en son absence à celui qui le remplace, lequel en fait l'ouverture.

Art. 122.

Toutes les pièces d'Archit∴, lettres, et autres adressées à la L∴, après avoir été ouvertes par le Vén∴ seront lues à l'assemblée générale par le Secr∴

Art. 123.

Le Secr∴ ne pourra jamais répondre, ni en son nom, ni de son chef.

Art. 124.

Il n'y a que le Vén∴ La L∴ ou un Comité qui puissent ordonner une réponse.

Art. 125.

Le Secrét∴ ne rend compte de son travail qu'au Vén∴ à l'assemblée, et aux comités en ce qui les concerne.

Art. 126.

Aucun Maçon ne peut écrire au nom de la L∴ sans y être autorisé.

Art. 127.

Toute lettre ordonnée en L∴ ou en comité doit être rédigée par le Secrét∴ sur une feuille volante, et timbrée du sceau de la L∴ dans trois jours au plus tard, et envoyée à l'Orat∴ lequel y met son *visa* s'il n'y trouve point d'observations à faire, et la fait passer au second adjoint du Secr∴ qui est chargé de la porter au net, de l'enrégistrer, de la soumettre à la signature de tous ceux qui doivent la signer, et de la faire partir.

Art. 128.

Celui qui doit remplir les fonctions du 2.me Adjoint au Secr∴ est particulierement désigné par la L∴

Art. 129.

L'adresse de la L∴ est: à *M.r Rapefati Amieti, Pignerol.*

Art. 130.

Toute esquisse des travaux qui se font en L.˙. doit être rédigée sur des feuilles volantes timbrées du sceau de la L.˙.

Art. 131.

Cette esquisse doit être confectionnée ou par le Secr.˙., ou par le 3.ᵐᵉ Adjoint qui est désigné par le Secr.˙.

Art. 132.

A la fin de l'assemblée l'esquisse doit être signée par le Vén.˙. les deux Surv.˙. et l'Orat.˙. après qu'il en a été donné lecture à haute voix.

Art. 133.

Celui qui a rédigé l'esquisse est chargé de transporter ensuite ce travail au net sur le grand livre d'Archit.˙. et d'en faire ensuite lecture lui même à la prochaine assemblée.

Art. 134.

Avant la lecture de la planche tracée des derniers travaux, il aura soin de remettre l'esquisse sur le bureau du F.˙. Orat.˙.

Art. 135.

Celui qui tient la plume dans l'assemblée est obligé de faire mention de la sanction donnée à la rédaction de la planche des derniers travaux.

Art. 136.

Le Secr.˙. ou ses adjoints signent toutes les planches et esquisses qu'ils tracent toujours avec cette formalité.

Par mandement de la R.˙. L.˙.

Art. 137.

Avec cette même formalité, le Secr.˙. contrésigne les patentes, les copies des délibérations, et les lettres.

Art. 138.

Il fera part aux nouveanx initiés des réglemens généraux et particuliers de la L.˙. et les leur fera signer ainsi que le serment de fidélité au G.˙. Or.˙. de France.

Art. 139.

Il tiendra au courant le tableau de tous les membres de la L∴

Art. 140.

Après chaque élection il sera tenu de tracer le tableau de tous les Officiers nouvellement élu, et de le transmettre au G∴ O∴ après l'avoir fait signer par tous les Officiers qui doivent y apposer leurs signatures, et l'avoir fait révêtir des timbres et sceaux.

Art. 141.

Tous les régistres, recueils des planches tracées, et autres morceaux d'Arch∴ dont l'usage ne sera plus nécessaire au Secr∴ seront déposés aux archives où ils seront classés par le soin du F∴ Garde Arch∴

Art. 142.

Le Vén∴ les 2. Surv∴ L'Orat∴ et le Secr∴ peuvent prendre en tous tems communication des pièces déposées au Secrétariat, ou aux archives, en cas de déplacement ils en donnent récépissé.

Art. 143.

Tout autre Officier ou F∴ ne peut avoir communication des pièces déposées au Secrétariat, ou aux archives que dans les cas prévus par le présent réglement, ou bien au moyen d'une délibération spéciale de la L∴ ou d'un comité.

Art. 144.

Le Secrétaire ne peut laisser sortir aucune pièce originale sous quelque pretexte que ce soit à moins qu'il n'y soit autorisé par un arrêté de la L∴ ou de l'un de ses comités, à l'exception du cas prévu par l'art. ci-dessus n.º 142., il sera toujours obligé d'en retirer récépissé comm'il est dit au même art., et il veillera à la rentrée au Secrétariat des pièces déplacées.

Art. 145.

Les adjoints au Secr∴ prêteront le même serment que lui.

Art. 146.

Les FF∴ servans seront spécialement aux ordres du Secr∴ et de ses Adj∴ en tout ce qui concerne les envois, et la signature des planches.

SECTION CINQUIÈME.
Du Trésorier.

ART. 147.

Le Trésorier est le dépositaire des fonds de la L.˙., il ne peut en disposer qu'en vertu d'une ordonnance comme il sera prescrit dans la section des finances : toute avance lui est interdite.

ART. 148.

Il tient un régistre des recettes, et dépenses tracé par colonnes suivant leur nature, une d'elles sera affectée au droit de présence.

ART. 149.

Chaque article doit avoir son N.º d'ordre contenant la date du jour où la somme a été payée ou reçue, le nom de celui qui l'a versée, ou perçue, la somme, le motif, et pour le chapitre des dépenses, la date de l'ordonnance ou mandat.

ART. 150.

Le Trésorier justifie de ses comptes par quittances, et autres pièces authentiques.

ART. 151.

Il délivre des quittances de toutes les sommes qu'il reçoit.

ART. 152.

Chaque compte est d'un an à partir de la grande Fête de l'Ordre, mais le Trésorier doit avoir le choix de le faire arrêter provisoirement à la fin de chaque trimestre, par le Conseil d'administration.

ART. 153.

Une fois, le compte d'un an approuvé, et arrêté le pièces justificatives avec un tableau présentant la recette, et la dépense seront déposées aux arch.˙. pour y avoir recours au besoin : ce tableau devra être arrêté, et signé par tous les Officiers dignitaires de la L.˙.

ART. 154.

Le Trésorier peut s'opposer à toute réception ou affiliation, lorsque les métaux fixés n'ont pas été remis entre ses mains, et dans le cas de non payement, il en demeure responsable s'il n'a pas formé son opposition.

ART. 155.

Il veille à la rentrée des fonds en général, et il signale au Vén.·. les FF.·. qui sont en retard pour le payement des diverses rétributions.

ART. 156.

Il ne peut signer aucun diplôme, ou certificat si le F.·. en faveur de qui cette pièce a été délivrée n'a pas acquitté, non seulement le montant du prix fixé pour ces expéditions, mais encore toute autre espèce de contribution ou de cotisation dont ce F.·. pourra être débiteur envers la L.·.

ART. 157.

Le Trésorier, et son adjoint, ont à leur disposition les FF.·. servans pour tout ce qui a rapport à l'administration de la caisse.

ART. 158.

L'Adjoint au Trésorier le remplace lorsque celui-ci est malade, ou absent; il l'aide aussi dans le dégagement de ses fonctions toutes les fois qu'il en est requis.

SECTION SIXIÈME.

Du Garde des Sceaux et Timbres.

ART. 159.

Le Garde des sceaux et timbre est dépositaire des timbres et sceaux de la L.

ART. 160.

Le Garde sceaux, timbre le actes, il les scelle au besoin, et les signe avec cette formalité : *Par mandement de la R.·. L.·.*

ART. 161.

Il ne peut sceller, ou timbrer aucun diplôme, ou certificat portant rétribution, qu'après que les signatures du Vén.·. et du Trés.·. y ont été apposées.

ART. 162.

Il scelle tous les certificats, et tout les actes émanés de la L∴ et il met au bas de la pièce au dessus du sceau : *Timbré, et scellé par nous Garde des sceaux, et timbre de la R∴ L∴ et le signe.*

ART. 163.

Il ne scelle, ni signe aucune pièce qu'elle n'ait été ordonneé par la L∴ et qu'elle soit révêtue de toutes les signatures.

ART. 164.

Il fait timbrer le papier, et le parchemin à l'usage de la L∴ et les remet au Secrét∴.

ART. 165.

Il ne peut déplacer de leur local les sceaux, et timbres qu'après en avoir obtenu la permission.

ART. 166.

Il est chargé du rapport de tout ce qui concerne les sceaux.

ART. 167.

Il tient un régistre sur lequel il inscrit tous les diplômes qu'il scelle, et il y enonce la date de la délibération en vertu de la quelle ils ont été expédiés, et la date du jour de l'apposition du sceau.

ART. 168.

Dans chaque assemblée destinée à célébrer la Fête de l'Ordre, il rend compte de tout les diplòmes qu'il a scellés pendant le semestre ; il spécifie le nombre de chaque espèce de diplôme.

SECTION SEPTIÈME.

Du Garde des Archives.

ART. 169.

Le garde des archives est le dépositaire de tout les titres, réglemens, cathéchisme. formulaires, et instructions de la L∴ esquisse, et rédaction de la planche des travaux, régistres, pièces des comptes rendus, et arrêtés des status et réglemens du G.˙. O.˙. de toutes les planches et de tous les imprimés envoyés à la L.˙. par des FF.˙. par des LL.˙. et par le G.˙. O.˙., enfin de toutes les pièces qui devront être conservées aux arch.˙. et dont le dépôt sera ordonné.

Art. 170.

Il tient un registre de toutes les pièces dont il est dépositaire chacune sous un n. d'ordre et de date ; à la fin de ce registre, il fait une table des matières pour faciliter les recherches. Ce registre est arrêté chaque année par le Conseil d'administration dans les huit jours que précèdent la grande Fête de l'Ordre.

Art. 171.

Il doit confier au Vén.˙. à l'Orat.˙. et au Secr.˙., sur leur reçu, toutes les pièces dont ils ont besoin, il ne peut rien confier aux autres FF.˙. qu'en vertu d'une autorisation par écrit du Vénér.˙.

Art. 172.

Lorsque la L.˙. aura arrêté l'envoi par copie ou extrait d'une pièce déposée aux archives, le F.˙. Garde des arch.˙. sera tenu d'en délivrer expédition.

Art. 173.

Lors de l'installation des FF.˙. dignitaires la L.˙. nomme une commission pour prendre connaissance de l'état des archives ; cette commission fait son rapport dans la première assemblée qui suit la grande Fête Patronale.

SECTION HUITIÈME.

De l'Architecte.

Art. 174.

L'Architecte est le gardien de tout les bijoux, meubles, et ustensiles de la L.˙., il veille à leur conservation, comme à la plus grande économie de tout ce qui sert à son usage.

ART. 175.

Il est chargé de faire exécuter les plans arrêtés par la L.˙. pour la décoration, l'entretien, le chauffage, et l'illumination du Temple.

ART. 176.

Il est vérificateur de la caisse, et à cet éffet il tient un contrôle général des FF.˙. avec la date de leur récéption dans les divers grades, de leur affiliation, et de leur mutations.

ART. 177.

Il inscrit sur un registre le montant des sommes que chaque F.˙. à du remettre au Trésorier, conformément aux dispositions du réglement ; une partie de ce registre est destinée à recevoir les arrèts de compte du F.˙. Trésor.˙.

ART. 178.

Il signe avec le Vén.˙. et le Secr.˙. les mandats tirés sur la caisse et en tient note.

ART. 179.

Il est chargé de surveiller le bon usage que doivent faire des meubles, et ornemens de la L.˙. les attelliers étrangers qui travaillent dans son sein, et il est responsable des dégradations et pertes qui pourraient avoir lieu, et contre les quels il n'aurait pas fait des réclamations.

ART. 180.

Il dresse l'inventaire tous les six mois des effets confiés à sa garde, et le remet au Conseil d'administration qui doit en faire le rapport à la L.˙. pour le dit inventaire être porté sur le registre d'architecture, et ensuite déposé aux archives.

ART. 181.

Il présente à la L.˙. les plans des objets d'utilité, et d'embellissement qu'il croit nécessaires en les accompagnant des dévis estimatifs.

ART. 182.

Il est chargé du rapport de ce qui concerne son office, et ses registres sont arrêtés à l'instar de ceux du Trésorier.

ART. 183.

Il doit être choisi autant que possible parmi les FF.·. qui possédent des connaissances à ce rélatives, et avoir soin d'employer de préference dans les travaux dont la direction lui est confiée des ouvriers de la L.·. ou des LL.·. de l'Or.·.

ART. 184.

Il a la surveillance immédiate sur les FF.·. servans pour tout ce qui concerne le local, les décorations, bijoux, ornemens, illumination, et chauffage de la L.·. afin que rien ne soit dégradé par la négligence des servans, ou consommé au-dela du besoin.

SECTION NEUVIÈME.

Du F.·. Maître des Cérémonies.

ART. 185.

Le Maître des cérémonies est chargé de l'exécution du cérémonial.

ART. 186.

Il est chargé de la distribution des boules pour le scrutin, et de l'appel des FF.·.

ART. 187.

Il assiste avec le deux Experts au dépouillement du scrutin, ainsi qu'à l'ouverture du sac des propositions.

ART. 188.

Il doit être toujours prêt à exécuter les ordres du Vén.·. soit au dedans qu'au dehors du Temple, et veiller à ce que la L.·. soit exactement couverte.

ART. 189.

Il peut, sans en demander la permission, aller, et venir librement dans la L.·. pour l'exercice de ses fonctions.

ART. 190.

Après la lecture des derniers travaux, il va d'après l'ordre du Vén.·., dans la salle des pas perdus pour s'assurer s'il y a des Visiteurs, et rentre ensuite dans la L.·. pour rendre compte de sa commission.

Art. 191.

Il prend le nom, prénom, qualités civiles, et Maçon.˙. de tous les FF.˙. visiteurs, ils se fait remettre leurs certificats ou diplômes, et il leur fait apposer leur signature sur un morceau de papier qu'à cet effet il leur présente.

Art. 192.

A son retour de la salle des pas perdus, il nomme les Visiteurs qui s'y trouvent, et dépose sur l'Autel leurs titres, et leurs signatures.

Art. 193.

Il introduit graduellement les visiteurs, et il est spécialement chargé de connaître les honneurs à rendre quand il leur en est dû, il dirige aussi les FF.˙. nommés par le Vén.˙. pour rendre ces honneurs, et il conduit les Visiteurs à la place qui leur est dûe.

Art. 194.

Le Maître des cérém.˙. doit faire attention, que lorsqu'il à plusieurs Visiteurs, celui à qui est dû les plus grands honneurs, doit être introduit le premier.

Art. 195.

Lorsqu'il a conduit les FF.˙. Visiteurs à leur place, il leur rend leurs certificats, ou diplômes, ainsi que le papier sur lequel ils auront mis leur signature, et il aura soin de ne rendre les dites diplômes, ou certificats qu'après qu'ils ont été dûment visés par les FF.˙. Vén.˙. et Secr.˙.

Art. 196.

Il veille à ce que les FF.˙. se placent suivant l'ordre prescrit par les réglemens et rectifie les désordres qui peuvent se commettre à cet égard, en avertissant à voix basse celui qui n'est pas à sa place.

Art. 197.

Il assiste les initiés dans tous les grades, les conduits à l'Autel, leur montre les pas mystérieux, épéle avec eux le mot sacré, leur attache l'habit du grade, les conduits vers les Surveillans, repond pour eux, et avec eux aux acclamations d'usage.

Art. 198.

Dans les banquets, il remplit les fonctions d'Ambassadeur.

SECTION DIXIÈME.

Du F∴ Hospitalier.

***

Art. 199.

L'Hospitalier présente le tronc des pauvres à tous les FF∴ et veille à ce qu'aucun d'eux ne quitte le Temple sans avoir déposé son offrande.

Art. 200.

Il est chargé de la distribution des aumônes, et secours ordonnés par la L∴ ou par le Conseil d'administration et Vénér∴

Art. 201.

Il visite les FF∴ malades, s'assure de leurs besoins, et indique à la L∴ les moyens d'y pourvoir.

Art. 202.

Il fournit sa quittance pour les sommes qui lui sont délivrées par le Trés∴, mais il n'est pas tenu d'en représenter aucune.

Art. 203.

Il tient un registre d'entrée et de sortie qu'il fait arrêter tous les ans par le Conseil d'administration dans les huit jours antérieurs à la fête de S∴t Jean d'été.

Art. 204.

Si un F∴ dangereusement malade lui remet ses papiers, et ornemens Maçon∴ il en fait la remise aux arch∴ après en avoir rendu compte à la L∴

Art. 205.

Il est chargé des détails rélatifs aux cérémonies réligieuses, soit pour les Fêtes patronales, soit pour le service des FF∴ décédés.

Art. 206.

Il indique à la L∴ les moyens de repandre ses bienfaits, et lui fournit les lumières nécessaires pour en faire une juste application.

Art. 207.

La L∴ doit choisir pour remplir efficacement cet emploi, un F∴ qui par ses connaissances, ou sa profession puisse donner des secours utils aux malades, ou diriger ceux qui leur sont administrés.

SECTION ONZIÈME.

Du premier et second Expert.

ART. 208.

Les Experts doivent être choisis parmi les FF∴ les plus élévés en grade.

ART. 209.

Ils remplacent de droit les Surveillans en cas d'absence de ces derniers.

ART. 210.

Le premier Expert, ou le second au défaut du premier remplace le Vén∴ en l'absence de celui-ci, de l'ex-Vén∴ et des deux Surv∴.

ART. 211.

Ils aident les Surv∴ à maintenir le bon ordre sur les colonn∴.

ART. 212.

Ils comptent les votans, recueillent, et dépouillent le scrutin, et assistent à l'ouverture du sac des propositions, que l'un d'eux doit présenter à chaque F∴; distribuent les bulletins pour les élections, les recueillent, les retirent et aident le Vén∴ à en faire le dépouillement, assistent à l'ouverture du tronc des pauvres, et en vérifient le montant.

ART. 213.

Ils conduisent les récipiendaires lors des trois voyages intérieurs du premier grade, et ils sont chargés de préparer, et de faire voyager dans l'intérieur du Temple, les aspirans au compagnonage, et à la maîtrise.

ART. 214.

Ils reconnaïssent, et tuilent les FF∴ Visiteurs.

ART. 215.

Ils demandent à voix basse, le mot de semestre aux Visit. . à l'instant de leur entrée dans le Temple, et ils en annoncent le résultat hautement en disant : *Vén∴ le mot est juste* : ou bien : *Vén∴ le F∴ visiteur n'a pas le mot de semestre* : ou *le F∴ visiteur doit avoir perdu le mot de semestre.*

SECTION DOUZIÈME.

De l'Ordonnateur des Banquets.

ART. 216.

L'Ordonnateur des banquets est chargé de traiter pour le prix des matériaux, mais ne peut l'arrêter définitivement sans en avoir rendu compte à la L∴ à laquelle seule ce droit appartient ; il est aussi chargé de tout ce qui régarde les travaux des banquets.

ART. 217.

Il est supérieurement chargé à l'aide du Maître des cérém∴, de l'Archit∴ et des Commissaires qui lui sont adjoints, de régler l'ordre des places, la décoration, illumination, et la distribution des services.

ART. 218.

Il doit prendre ses mesures pour que la cotisation qui aura été fixée, soit payée ou d'avance, ou avant la clôture des travaux de table, et qu'il doit remettre entre les mains du Trésorier.

ART. 219.

Il rédige la liste de souscription, prend tous les renseignemens pour y classer les FF∴ suivant leurs grades, et s'assure que les invitations faites par la L∴ sont parvenues à leur adresse.

ART. 220.

Il veille avec le plus grand soin à ce que les divers outils soyent employés dans le banquets, ne s'egarent, ni se détériorent.

SECTION TREIZIÈME.

Du Couvreur.

ART. 221.

Le Couvreur est le gardien intérieur du Temple, il occupe constamment la porte de l'Occ∴ le glaive à la main.

ART. 222.

Il n'accorde l'entrée à aucun F∴ qu'il ne soit revêtu de ses habits Maç∴, qu'il ne lui donne le mot de passe, et celui de semestre, si c'est un Visiteur.

ART. 223.

Il informe le second Surveillant de tout ce qui lui est annoncé dans la salle des pas perdus.

ART. 224.

Il n'ouvre l'entrée du Temple qu'après en avoir reçu l'ordre, il frappe en dedans par la batterie du grade dans lequel on travaille, et il doit exiger qu'on lui reponde.

ART. 225.

Il ouvre sans ordre toutes les fois qu'ils le demandent au Maître de cérém∴, aux Experts, et au F∴ Terrible.

ART. 226.

Pour éviter les pertes des tems qu'occasionnent les frequentes entrées, et sorties, il convient avec les membres de la L∴ d'un signal auquel il puisse les reconnaître, et leur ouvre sans en avertir.

SECTION QUATORZIÈME.

Du F∴ Terrible.

ART. 227.

Le F∴ Terrible reçoit les Profans des mains du F∴ qui les présentent à l'entrée de la première porte extérieure du local de la L∴ il est chargé de les préparer, et il les fait passer par les épreuves du 1. grade symbolique.

ART. 228.

Il ne peut se permettre aucun changement à cet égard, et il doit se conformer rigoureusement à tout ce qui est prescrit par le Vén∴.

ART. 229.

Il observe dans ce cours des épreuves la décence qui convient à la L∴ et les égards dus aux récipiendaires.

ART. 230.

Il propose les moyens qu'il croit bons pour perfectionner ou varier les épreuves.

SECTION QUINZIÈME.

Du Député au G∴ O∴.

ART. 231.

Le Député ou représentant de la L∴ au G∴ Or∴ doit être choisi comme les autres Officiers dignitaires le jour fixé pour leur renouvellement.

ART. 232.

La L∴ ne peut élire pour son représentant qu'un Maçon âgé au moins de 27 ans domicilié à Paris, membre d'une L∴ régulière de cet O∴ et revêtu du grade de M∴.

ART. 233.

Il doit lui être adressé, après la nomination, des pouvoirs dans la forme établie par les statuts de l'Ordre.

ART. 234.

Lorsque par quelques circonstances, le Vén∴ de la L∴ se trouvera à Paris au G∴ O∴, le pouvoir du représentant sera suspendu dans son exercice.

ART. 235.

La L∴ peut révoquer en tout tems son représentant sans être tenue de motiver la récusation.

ART. 236.

Le représentant reçoit les pièces adressées par la L∴ au G∴ O∴ lui rend compte de tout ce qui peut intéresser le bien de l'Ordre en général, et celui de l'Att∴ en particulier.

ART. 237.

Il doit recueillir et avoir soin d'adresser à la L∴ les pièces d'Architecture, et généralement tous les ouvrages Maç∴ propres à perfectionner l'instruction, et à orner les archives.

SECTION SEIZIÈME.

Des FF∴ Servants.

ART. 238.

Les Servans sont attachés au service de la L∴ et non à celui des FF∴ dont ils sont les égaux.

Art. 239.

Ils sont chargés moyennant un salaire de tout le travail manuel du Temple, et de porter au déhors les ordres de la L∴

Art. 240.

Ils sont spécialement sous les ordres du Secrét∴ et de l'Arch∴

Art. 241.

Ils sont tenus de se trouver aux assemblées une demie heure avant celle indiquée afin de tout préparer.

Art. 242.

Ils ne doivent posséder que le premier grade symbolique, leurs noms termine le tableau de la L∴

Art. 243.

Ils se tiennent pendant les travaux dans la cambre des pas perdus et ne doivent y laisser introduire aucun étranger qu'après en avoir reçu le signe, et le mot de passe du premier grade.

Art. 244.

Ils n'ont dans aucun cas voix délibérative.

Art. 245.

L'un d'eux est constamment le gardien extérieur de la L∴, outre un salaire fixe accordé aux FF∴ servans ordinaires, ils reçoivent encore pour chaque réception d'apprentif une indemnité qui sera fixée dans la section des finances.

Art. 246.

Le nombre des servans est fixé à quatre, dont deux pour les travaux ordinaires, desquels le premier sera le concierge, et deux pour les travaux extraordinaires qui ne pourront se présenter en L∴ que sur l'invitation des FF∴ Arch∴ et Ord∴ des banquets.

CHAPITRE V.me

SECTION PREMIÈRE.

Des Rangs en L∴

Art. 247.

Le Vén∴ prend place derrière l'Autel à l'O∴, lorsque le Vén∴ d'hon∴ se présente en L∴, le Vén∴ en titre lui remet le maillet.

ART. 248.

Les deux Surveillans se placent à l'Occ∴, savoir, le premier en avant de la colonne du midi, et le second en avant de celle du nord, chacun devant une petite table.

ART. 249.

L'Ex-Vén∴ à la droite du Vén∴ à l'O∴.

ART. 250.

L'Orateur avec son bureau sur la colon∴ du midi à l'O∴.

ART. 251.

Le Secrét∴ avec son bureau sur la colon∴ du nord à l'Or∴.

ART. 252.

Le Trésor∴ avec son bureau sur la colon∴ du midi près de l'Orat∴.

ART. 253.

Le Garde des arch∴ sur la colon∴ du midi près du Trésor∴.

ART. 254.

Le Garde des sceaux et timbre sur la colonne du nord près du Secr∴.

ART. 255.

L'Architecte à la gauche du Garde des arch∴ sur la col∴ du midi.

ART. 256.

Le F∴ Hospitalier sur la col∴ du nord après le Garde des sceaux.

ART. 257.

Les Experts à l'occident, savoir, le premier à gauche en avant du pr∴ Surv∴, et le sec∴ Expert à la droite en avant du second Surv∴.

ART. 258.

Le Maître des cérém∴, son Adjoint à l'occid∴ le premier à la gauche en avant du premier Expert, l'Adjoint à la droite en avant du second Expert.

ART. 259.

Le F∴ Terrible sur la colonne du nord à la droite de l'Hospit∴.

ART. 260.

Le Député au G∴ O∴ s'il se présente en L∴ à l'Or∴ et à la gauche du Vén∴.

ART. 261.

L'Ordonn∴ des banquets sur la col∴ du nord à la droite du Terr∴.

ART. 262.

Le Couvreur à la porte d'occ∴ glaive en main.

ART. 263.

Autant que le local pourra le permettre, tous les R∴ ✠ qui ne seront revêtus d'aucune fonction particulière, prendront place à l'Or∴ à droite, et à gauche du Vén∴

ART. 264.

Lorsqu'il se présentera des Députations d'autres LL∴, ou bien des Visiteurs à qui il serait dû des honneurs, ils seront placés à l'Or∴ de préférence aux R∴ ✠ de l'Att∴

ART. 265.

Seront placés par ordre de grade sur les colonnes, savoir:

Sur la colonne du midi à la gauche de l'Archit∴ ceux des R∴ ✠ qui n'auront pû être placés à l'O∴, ainsi que les FF∴ décorés des trois premiers hauts grades puis la moitié au moins des Maîtres, ensuite les Compagnons.

Sur la colonne du nord à la droite du M∴ des banquets, l'autre moitié des Maîtres, ensuite les Apprentifs.

ART. 266.

Le jour de la réception au premier grade symbolique, l'initié prend après les Dignitaires la première place sur la col∴ du nord.

ART. 267.

Le même ordre doit règner aux banquets, c'est-à-dire que les FF∴ seront autant qu'il est possible successivement placés comme ils sont aux articles précédents.

ART. 268.

Le Maitre des cér∴ est spécialement chargé de maintenir cet ordre des rangs en L∴

SECTION SECONDIÈME.

Des Honneurs Maçoniques.

ART. 269.

Lorque le Vénérable se présentera en L∴ les travaux ouverts son arrivée sera annoncée à celui qui le remplace qui députera 9 FF∴ pour aller le recevoir; ils seront précédés du Maître des cér∴ il sera introduit sous la voûte d'acier, tous le FF∴ debout à l'ordre, et le glaive en main; les maillets battront, il sera conduit ainsi jusqu'à l'O∴ où il recevra le maillet des mains du Président, et sera par lui instruit de tout ce qui s'est passé pendant son absence.

Lorsqu'un des Surveillans se présentera en L∴ le travaux ouverts, le Vén∴ en étant instruit, députera les FF∴ Experts, et le Maître de cérém∴ qui l'introduiront dans la salle, tous les FF∴ debout à l'ordre, il sera conduit jusqu'entre les colonnes en attendant que le Vén∴ l'ait invité à prendre place.

Art. 271.

Lorsqu'un Visiteur se présentera revêtu des hauts grades, il sera sur l'ordre du Vén∴ introduit par le Maître des cérém∴ et tous les FF∴ debout à l'ordre, et le glaive en main sans batterie ; s'il n'a que les trois premiers grades il sera simplement introduit par le F∴ Maître des cér∴ entre les colonnes jusqu'à ce que le Vén∴ l'ait invité à prendre place, il sera alors conduit par le Maître des cér∴ en tête d'une des colonnes.

Art. 272.

Un Député du G∴ O∴ de France se présentant muni de pouvoirs, la députation sera de trois FF∴, la voûte d'acier, tous les FF∴ debout, et à l'ordre le glaive en main, et les maillets battans.

Art. 273.

Une Députation des LL∴ affiliées, ou l'un des Vén∴ de ces LL∴ se présentant, la députation sera de trois FF∴ précédés du Maître des cér∴, tous les FF∴ debout et à l'ordre, le glaive en main, la batterie des maillets.

SECTION TROIZIÈME.

Des Fêtes de l'Ordre.

Art. 274.

Les Fêtes de l'Ordre se célébrent aux jours de la S.t Jean d'été, et de la S.t Jean d'hiver.

Art. 275.

Elles peuvent être transportées à un autre jour au choix de la L∴

Art. 276.

Quinze jours avant la célébration de ces Fêtes, la L∴ adressera une circulaire aux LL∴ correspondantes, et affiliées qui se trouvent dans la rayon de 20 lieues de cet O∴ afin de les engager à lui en envoyer des Députés.

Art. 277.

La grande Fête d'été est consacrée à l'installation des Officiers dignitaires, et à entendre le rapport du Conseil d'administration sur les finances, le Secrétariat et les Archives à cet effet huit jours avant la grande Fête patronale, le Secrét.·., le Trésor.·., l'Archit.·. et l'Hospit.·. aumonier présenteront leurs comptes, et leurs registres au Conseil d'administration, qui après les avoir arrêtés provisoirement chargera l'Orat.·. du rapport à faire sur ces objets.

Art. 278.

Après la lecture de ce rapport, le Conseil d'administration présentera à la L.·. un état général des différens comptes de l'année, et ensuite l'Orat.·. retracera dans un morceau d'architecture l'origine, et le progrès de l'Ordre, l'éloge de son patron, et fera l'analyse succinte des travaux de l'année en indiquant les améliorations dont ils sont susceptibles.

Art. 279.

Ce discours achevé, le Vén.·. désigne les membres qui doivent composer deux commissions, dont une est chargée de l'examen du compte général susindiqué, l'autre de la révision des archives ; chacune de ces commissions fait son rapport dans la seconde assemblée d'obligation.

Art. 280.

On procéde ensuite à l'installation des nouveaux Officiers dignitaires en se conformant à ce qui est prescrit par le 3.·.ᵉ chap.·. de la 3.·.ᵐᵉ section du présent réglement.

Art. 281.

Après l'installation, l'envoi au G.·. O.·. du don gratuit, et du tableau des FF.·. est requis par l'Orat.·.

Art. 282.

L'Hospitalier prononcera un morceau d'architecture sur la charité, et la bienfaisance, et il invitera l'Att.·. à fixer la somme qui doit être retirée de la caisse, pour être employée extraordinairement à des actes de bienfaisance, et dont il indiquera la répartition.

Art. 283.

La propagation de la lumière étant un des plus dignes moyens de célébrer la Fête patronale, on reservera une réception pour ce jour s'il est possible.

ART. 284.

Ces préliminaires remplis, on passe aux travaux de la L∴ de banquet, qui seront toujours tenus au premier grade symbolique.

ART. 285.

La Fête de la S.t Jean d'hiver se célébre par un simple banquet.

SECTION QUATRIÈME.

Des Fêtes extraordinaires de la L∴

ART. 286.

On célébréra tous les ans deux Fêtes en cet Att∴, l'une pour rappeler à la mémoire l'inauguration du buste de NAPOLÉON, et elle aura lieu le 30.∴ᵐᵉ jour du 5.∴ᵐᵉ mois, l'autre pour célébrer l'anniversaire de l'inauguration du Temple, et elle se célébrera le 29.∴ᵐᵉ jour du 9.∴ᵐᵉ mois.

ART. 287.

L'une, et l'autre de ces Fêtes pourront être transportées à tel autre jour que la L∴ désignera.

ART. 288.

Tous les FF∴ seront invités par circulaire au moins 15 jours avant leur célébration d'intervenir aux dites Fêtes.

ART. 289.

Les mêmes seront célébrées par des morceaux d'architect∴ qui seront prononcés analogues aux cérémonies, et par un banquet de souscription.

SECTION CINQUIÈME.

Des Banquets.

ART. 290.

Il y aura deux banquets d'obligation pour les deux Fêtes de la S.t Jean, ces banquets doivent avoir lieu le même jour que la Fête, et l'on ne pourra jamais, et sous aucun prétexte les ajourner.

Art. 291.

Les frais de ce deux banquets seront payés sur les fonds de la L∴

Art. 292.

Tous les autres banquets seront faits par souscription, et leur prix ne pourra excéder quatre francs par tête, ils seront payés ou d'avance, ou avant la cloture des travaux de table.

Art. 293.

Les Députations des LL∴ invitées seront traitées aux fraix de la L∴

Art. 294.

Tout F∴ visiteur qui sera au nombre des convives sans y avoir été invité par le Vén∴ au nom de la L∴ payera sa quote part.

Art. 295.

Aucun Maçon membre d'un autre Att∴, et ayant son domicile dans cet O∴ ne pourra en qualité de Visiteur être admis aux travaux de table de la L∴ de la Parf∴ Amit∴ à moins qu'il n'ait obtenu l'affiliation, et en ce cas il en aura le même droit que tous les autres FF∴ de la L∴ il n'y sera admis qu'en qualité de député.

Art. 296.

Pour aider le Maître des banquets, et son adjoint dans leurs fonctions, et pour maintenir l'ordre, et régler le service des tables, il sera nommé des commissaires chargés de veiller à ce que tout se passe au mieux.

Art. 297.

La salle ou se fait le banquet doit être située de façon que rien ne puisse y être vu, ni entendu déhors, et les mêmes précautions y seront prises que dans les travaux du Temple.

Art. 298.

La table doit être en fer à cheval si la forme du local le permet, le Vén∴, l'ex-Vén∴, les Députés, les Offic∴ dignit∴, les Visit∴ et tous les FF∴ de la L∴ s'y placeront dans l'ordre qui a été détaillé dans la première section de ce chapitre, à cette différence, près que le Maître des cérém∴ se placera vis-à-vis du Vén∴, le Maître des banquets et son adjoint à la moitié et en dedans du fer à cheval, le premier au midi, le second au nord, et le F∴ Couvreur à la gauche du premier Expert.

Art. 299.

Il est défendu de s'occuper dans les banquets de tout objet rélatif à des réceptions symboliques.

ART. 300.

Il y aura ainsi qu'il est prescrit par le régulateur 7 santés d'obligation, et pendant les trois premières ainsi qu'à la septième les FF∴ seront debout, et glaive en main.

ART. 301.

En général on procédéra aux travaux de table conformément à ce qui est réglé par le régulateur du Maçon.

CHAPITRE VI.me

DES COMITÉS, DE LEURS FONCTIONS, POLICE, ET ATTRIBUTIONS.

SECTION PREMIÈRE.

Désignation des Comités.

ART. 302.

La L∴ se divise en trois comités qui se repartissent toutes les attributions de la surveillance, de la police, et des finances.

ART. 303.

Ces comités sont au nombre de trois :

> Un comité supérieur
> Un comité des finances.
> Un comité de police, et inspection du local.

ART. 304.

Chacun de ces comités se nomme un rapporteur pris dans son sein chargé de présenter à la L∴ les projets d'embellissement des dépenses, et d'ordre nécessaires à la régularité des travaux et qui auront été arrêté par le comité.

ART. 305.

C'est encore à ces rapporteurs que chaque F∴ qui voudra proposer des idées d'amélioration pour la L∴ en général, pourra les adresser par écrit afin qu'elles soient discutées en comités.

6

SECTION SECONDIÈME.

Du Comité Supérieur, et de ses attributions.

ART. 306.

Ce comité aura la haute police de toute la L∴, à lui seul appartiendra le droit de connaître des griefs que les FF∴ pourraient avoir entr'eux et des torts que quelques uns pourraient avoir envers la L∴ pour objets rélatifs seulement à la Maçonerie.

ART. 307.

Ce comité sera le Tribunal de paix de la L∴ dans toutes les occasions où la sévérité ne sera pas d'absolue nécessité ; il emploiera ses soins à rétablir l'union, la paix, et l'harmonie entre les FF∴ que des discussions souvent mal entendues pourraient aigrir les uns contre les autres.

ART. 308.

Dans le cas où les avis paternels dú comité ne pourraient parvenir à reconcilier entr'eux les FF∴ dont la discussion lui aurait été soumise, le comité après les avoir entendus séparément, et avoir établi des deux cotés les motifs de cette discussion délibérera en leur absence si l'affaire est assez majeure pour être soumise à une assemblée générale de la L∴, et dans ce cas il en préviendra ces FF∴ et s'occupera de rédiger le rapport pour être présenté dans l'assemblée la plus prochaine.

ART. 309.

Si par malheur un F∴ par des circonstances qu'on ne peut prévoir venait à se donner des torts qui ne pourraient être excusés, la L∴ sur la proposition de son comité prononcerait les peines qu'elle jugerait convenable suivant la gravité du tort.

ART. 310,

Les peines à infliger seront :

1.º Dans des excuses,

2.º Dans la privation du salaire.

3.º La privation des travaux pendant 3, 5, 7, 9 assemblées ordinaires.

4.º Une amende volontaire ou qui pourra être fixée, et applicable au tronc des pauvres.

5.° La plus forte enfin , et qui ne pourra être infligée que dans des cas très urgens , et après un examen bien reflechi sur la gravité de la faute commise , sera l'exclusion perpétuelle , avec mention nominative à la planche tracée des travaux du jour , et communication de l'extrait de cette planche tant aux LL∴ de l'affiliation , qu'au G∴ O∴ de France qui sera invité d'en donner connaissance à toutes les LL∴ de son affiliation pour que celui qui aura encouru cette peine ne puisse à l'avenir décorer les colonnes d'aucun Temple.

Art. 311.

Toutes plaintes dirigées contre le Vén∴ en fonctions , seront adressées à l'ex-Vén∴ qui assemblera à cet effet le comité supér∴

Toutes celles dirigées contre l'ex-Vén∴ ou les Surveillans le seront au Vén∴ qui convoquera aussitôt le comité supérieur.

Art. 312.

Tant en comité , qu'en assemblée générale le F∴ contre lequel il se trouvera un jugement à prononcer , sera toujours entendu le dernier , et le jugement ne sera porté qu'après les conclusions de l'Or∴

Art. 313.

A l'assemblée générale seule appartient le droit de prononcer un jugement quelconque mais toujours sur le rapport de son comité supérieur.

Art. 314.

Le comité supérieur ne pourra délibérer que lorsqu'il réunira la moitié de ses membres plus un.

Art. 315.

Le comité supérieur se compose ainsi que il suit , savoir ;

    Du Vénérable.

    De l'ex-Vénérable.

    Des deux Surveillans.

    De l'Orateur.

    Du Secrétaire.

    Du Trésorier.

    Du premier Expert.

    Du Maître des cérémonies.

Les quels forment les neufs lumières de la L∴

SECTION TROIZIÈME.

Du Comité des Finances, et de ses attributions.

ART. 316.

Ce comité a la surveillance, et la responsabilité de tout ce qui concerne l'administration des finances, tant pour la recette, que pour la dépense.

ART. 317.

Il examine avant leur exécution tous les plans des architectes, et économes ; s'assure si tous les moyens d'économie ont été employés, rejette ceux dont l'utilité ne lui est pas parfaitement démontrée, et présente à l'assemblée générale tous les plans et dévis dont l'exécution est indispensablement nécessaire.

ART. 318.

Etant censé avoir une connaissance particulière de la situation de la caisse, il propose après avoir délibéré à l'assemblée générale les augmentations des nouveaux fonds à faire dans le cas d'absolue nécessité.

ART. 319.

Toutes les dépenses de la L∴ sont arrêtées, et visées par lui lors de la reddition des comptes.

ART. 320.

Les finances de la L∴ se composent de cotisations mensuelles, du prix des réceptions aux trois premiers grades symboliques, et des affiliations.

ART. 321.

Ces différens prix sont invariablement fixés ainsi qu'il suit, savoir:
Le premier grade, cent dix francs, je dis . . . . 110.
Le second grade vingt cinq . . . . 25.
Le troisième grade quarante francs . . . . 40.
Les affiliations se divident en deux classes, celles permanentes, et celles ambulantes ; les permanentes payeront cinquante cinq francs . . . . 55.
Les ambulantes vingt sept francs, cinquante centimes. 27. 50.

Sont considérées comme permanentes celles des F∴ dont les occupations profanes nécessitent une demeure fixe.

Sont considérées comme ambulantes celles des FF∴ dont les occupations profanes nécessitent des changemens fréquents de résidence.

ART. 322.

Le profane nouvellement initié, le F∴ nouvellement affilié, ne payent pas de contributions mensuelles le premier mois de la réception, ou affiliation.

ART. 323.

Tout membre qui aura laissé arrièrer la cotisation, ou autre somme due pendant l'espace de trois mois, et qui aura été prévenu par le F∴ Trésorier, sera d'après le rapport de celui-ci prévenu par le comité d'y satisfaire, et s'il n'y satisfait pas pour cette époque il sera définitivement rayé du tableau des membres de la L∴

ART. 324.

Ne sont point compris dans les dispositions de l'article précèdent ceux qui se trouveront en retard pour cause de maladie, ou d'absence légittimément constatée.

ART. 325.

Le traitement des servans est fixé suivant les besoins par la L∴ sur la proposition du comité des finances, pour deux servans concierges.

Ces traitemens seront payés de trois, en trois mois échus.

Les autres servans n'auront aucun traitement, et ils auront seulement droit à partager le produit de la quête des servans, lorsqu'elle aura lieu; et à la répartition qui sera faite en leur faveur du produit des gratifications accordées aux servans sur le prix de chaque initiation au premier grade, savoir de quatre francs ainsi qu'il sera réglé par l'article suivant.

ART. 326.

Le produit des gratifications accordées comme ci-dessus aux FF∴ servans sera mis en caisse, et réparti tous les trois mois aux FF∴ servans par le comité des finances suivant le zèle et activité qu'ils auront déployés dans leurs fonctions, et sur les témoignages que donneront d'eux le comité de police, et le F∴ Archit∴ qui seront entendus sur leur compte.

Art. 327.

Le comité des finances se compose ainsi qu'il suit, savoir;

> Du Vénérable.
> De l'ex-Vénérable.
> Du Secrétaire.
> Du Trésorier.
> De l'Architecte.
> De l'Hospitalier.
> D'un Maître.
> D'un Compagnon.
> D'un Apprentif.

SECTION QUATRIÈME.

Du Comité de Police, et de ses attributions.

Art. 328.

Le comité de police est spécialement chargé de tout ce qui concerne l'ordre, la décence, et la régularité des travaux.

Art. 329.

Il aura également la surveillance de tous les membres appartenans à la L∴ et l'inspection sur tout le local pour qu'il soit toujours propre, convenablement chauffé, éclairé, et meublé au grade qui devra se tenir; cette surveillance s'étendra également su les travaux de banquet.

Art. 330.

Dans le cas de réception il veillera à ce que ceux chargés pour qu'elle se fasse dignement, préparent, et placent en lieux sûr tout ce qui est nécessaire.

Art. 331.

Il se concertera avec le F∴ Archit∴ toutes les fois que la L∴ employera des ouvriers extérieurs pour la surveillance seulement de ces ouvriers.

Art. 332.

Il à la surveillance immédiate sur tous les FF∴ servans qui sont à ses ordres.

Art. 333.

Dans le cas où ce comité s'apperçevrait de quelques infractions aux réglemens généraux, et particulièrs de la part de quelques membres de la L∴, ou enfin de toute autre chose nuisible au bien, et aux intérêts particuliers de la L∴, il est tenu d'en faire sur le champ son rapport au comité supérieur pour qu'il soit pris les mesures convenables pour remédier aux abus.

Art. 434.

Le comité de police se compose ainsi qu'il suit, savoir,

    Du Vénérable.

    Du Maître des cérémonies.

    Du premier Expert.

    De l'Ordonnateur des banquets.

    D'un Maître.

    D'un Compagnon.

    D'un Apprentif.

SECTION CINQUIIÈME.

De la Police des Comités.

Art. 335.

Les différens comités en l'absence du Vén∴ ou de l'ex-Véner∴ seront présidés par le plus ancien Officier ou Maître présent.

Art. 336.

Lorsqu'un comité aura été légalement, et généralement convoqué, il pourra, comme ses décisions ne sont que provisoires, délibérer au nombre de trois, à l'exception du comité supérieur, dont le nombre fixé à l'art. 314. de ce réglement sera de rigueur.

Art. 337.

Lorsqu'on délibérera dans un comité d'objets rélatifs à un grade supérieur, les membres des grades inférieurs sont tenus de se rétirer.

CHAPITRE VII.me

DES ASSEMBLÉES, ET DE LEUR POLICE.

SECTION PREMIÈRE.

De la convocation des Assemblées.

ART. 338.

Il y aura séance ordinaire d'obligation tous les premiers samedi de chaque mois, ces séances seront réglées, savoir: pour les mois de Novembre, Décembre, Janvier, Février, Mars et Avril à six heures, et pour les autres six mois de l'année à huit heures du soir inviolablement; il ne sera fait aucune espèce de convocation pour ces assemblées, chaque F∴ devant se pourvoir d'un réglement.

ART. 339.

Outre ces assemblées d'obligation, la L∴ pourra s'assembler extraordinairement toutes les fois que les circonstances l'exigeront, le Vén∴ en donnera l'ordre, et le Secrét∴ adressera pour ces assemblées seulement les planches de convocation.

ART. 340.

A la fin de chaque trimestre, il y aura une séance extraordinaire uniquement déstinée aux finances; elle sera convoquée par le Vénér∴.

ART. 341.

Un F∴ qui aura manqué pendant six assemblées d'obligation ou trois mois sans en avoir prévenu la L∴, sera prévenu par une planche du comité de police de s'y présenter, et s'il ne se présente pas à la première séance, il sera regardé comme démissionnaire, et rayé du tableau des membres de la L∴ à moins qu'il ne fasse résulter de son impossibilité de se trouver à la dite séance.

ART. 342.

Lorsqu'un F∴ s'absentera pour un tems illimité, il en préviendra le comité de police par une planche, ce comité en rendra compte à la L∴, ses cotisations cesseront alors jusqu'à son retour; à défaut de se conformer à cet article, il comptera comme présent.

SECTION SECONDIÈME.

De la police intérieure pendant les travaux.

ART. 343.

Aucun Maçon ne sera admis à participer aux travaux de la L∴ s'il n'est d'abord décemment habillé, et revêtu de ses habits Maç∴ suivant son grade.

ART. 344.

Le plus grand silence règnera pendant les travaux, aucun F∴ ne prendera la parole sans l'avoir demandée : les FF∴ placés à l'O∴ la demandent à l'O∴, ceux placés sur les colonnes la demandent aux Surveillans de leur colonne.

ART. 345.

Lorsqu'un F∴ se permettra de troubler le F∴ qui aura la parole de même que de parler sur un autre objet que celui en discussion, ou sur un objet dont la discussion se trouverait fermée, il sera rapellé à l'ordre par le Vénér∴, s'il récidive, et marque de l'obstination, le Vén∴ lui fera couvrir le Temple pour que la L∴ prononce sur son insubordination ; s'il refuse de couvrir le Temple à l'ordre du Vén∴ les travaux seront sur le champ fermés, et tout le monde se retirera jusqu'à ce que le comité supérieur, devant lequel l'affaire devra être portée, ait délibéré sur la peine à infliger au coupable.

ART. 346.

La L∴ et son comité supérieur seront tenus de se conformer pour l'application des peines à ce qui en a été dit à la section secondième, art. 306. du titre quatrieme de ce réglement.

ART. 347.

Lorsque la L∴ aura prononcé contre un de ses membres, une peine quelconque autre que celle de l'esclusion, le F∴ qui ne s'y soumettera pas, sera considéré comme ayant donné sa démission, et ne pourra être réadmis que par une délibération prise au scrutin dont le résultat pour lui être favorable devra donner une majorité absolue.

ART. 348.

Toute accusation sera écrite, et signée munie de ses preuves claires, et précises, elle sera adressée au Vén∴ sous l'enveloppe du F∴ Orateur. Celles anonimes seront brulées sans qu'il y soit donné aucune suite ; en cas de plaintes non fondées, l'accusateur subira la peine du talion.

ART. 349.

Les fautes de quelque nature qu'elles soient, ne seront jamais connues hors l'enceinte du Temple, les indiscretions seront punies d'une amende, et même plus si le cas l'exige.

ART. 350.

La peine sera toujours doublée en cas de récidive, mais à la troisième fois en faits de fautes graves, le membre qui ne se sera pas corrigé, sera rayé du tableau des membres de la L∴

ART. 351.

Les travaux ne pourront s'ouvrir, si les membres ne sont au nombre de sept.

ART. 352.

Les jours de travaux, les Officiers en fonction ne pourront jamais manquer à moins que des occupations particulières et pressantes les empêchent de s'y rendre, et dans ce cas il seront tenus de prévenir leurs Adjoints, afin qu'ils puissent s'y trouver.

ART. 353.

Aucun F∴ ne sera introduit en L∴ pendant la lecture de la planche, ni pendant la circulation du scrutin, et la prestation des sermens et obligations.

ART. 354.

Tout Officier en fonction qui se présentera pendant une délibération, attendra qu'elle soit terminée pour reprendre ses fonctions.

ART. 355.

Tout F∴ quelque soit son grade et ses fonctions introduit en L∴ une fois les travaux ouverts se présentera entre les colonnes, et attendra pour prendre place la permission du Vén∴ qui lui fera les demandes des instructions qu'il jugera convenables.

ART. 356.

La parole ne sera accordée que trois fois au même F∴ sur la même discussion.

ART. 357.

Lorsque la discussion aura été suffisament débattue, ce que le Vén∴ jugera, il résumera cette discussion en autant d'avis qu'il s'en sera trouvés d'ouverts, et avant de les mettre aux voix, il demandera les conclusions du F∴ Orateur ; dès ce moment aucun F∴ ne pourra plus parler sur le fond de la discussion.

ART. 358.

L'Orat∴ une fois entendu la discussion sera entiérement formée, le Vén∴ pose alors les questions les unes après les autres, et la L∴ les approuve ou rejette par les signes d'approbation connus, à moins que l'objet ne soit assez important pour exiger un scrutin ou que cette formalité ne se trouve exigée par un membre.

ART. 359.

Soit en L∴ soit en comité, le F∴ Secrétaire, en son absence celui qui tiendra la plume à la séance ne pourra se permettre de coter en aucune manière soit sur les esquisses, soit dans les planches le nom du F∴ qui aura ouvert un avis, ou parlé contre ; on se servira habituellement de cette formule : *un F∴ a demandé ; un F∴ a proposé etc∴ etc∴ etc∴*

ART. 360.

Toutes les planches tracées commenceront toujours par cette formule : *A la gloire du G∴ A∴ de l'Univers, au nom, et sous les auspices du G∴ O∴ de France : A l'O∴ de . . . le . . jour du . . . mois de la V∴ L∴ 58. . . (et de l'ere vulgaire le etc∴)*

ART. 361.

Toute délibération prise en assemblée devra avoir été arrêtée à la majorité absolue du scrutin, pour qu'elle devienne obligatoire envers tous les ouvriers de l'Attelier.

ART. 362.

Dans toutes les assemblées convoquées extraordinairement, il ne pourra être délibéré que sur l'objet, pour lequel l'assemblée aura été convoquée, lequel devra toujours être indiqué dans la planche de convocation.

ART. 363.

Tout F∴ qui n'aura pas été présent à une délibération arrêtée régulièrement en L∴ ne pourra sous aucun pretexte soit dans la même séance, ou dans les suivantes faire agiter de nouveau cette délibération.

ART. 364.

Tout objet proposé qui devra faire par suite article réglementaire, devra avant d'être mis en discussion d'assemblée générale être envoyée au comité supérieur chargé de le discuter, et de faire un rapport *ad hoc.*

ART. 365.

Toutes les fois que le sac des propositions circulera en L∴ tous les FF∴ seront tenus d'y mettre la main quand bien même ils n'auraient rien à proposer.

SECTION TROIZIÈME.

Des Initiations, et Affiliations.

ART. 366.

Il ne sera présenté à l'initiation que des personnes dont les mœurs, la probité, et la profession ne puissent être attaqués, chaque F∴ en présentant un profane voulant non seulement donner un ouvrier à l'Att∴, mais encore un Maçon et un F∴ à l'Ordre, en général, devra être très-circonspect dans les propositions qu'il sera dans le cas de faire, et d'assurer d'avance si le sujet n'est pas dans le cas d'être refusé.

ART. 367.

Le profane proposé devra avoir atteint sa 21.me année, ce terme sera de rigueur; la L∴ se reserve cependant le droit d'y pouvoir déroger en faveur des fils des Maîtres.

ART. 368.

Le F∴ qui proposera un profane à l'initiation, mettra au sac des propositions un billet ainsi conçu : *On propose à l'initiation dans cette R∴ L∴ le profane (ses noms, prénoms, jour, mois et an, lieu de sa naissance, ses qualités civiles, et demeure habituelle), ce bulletin sera signé.* Le Vén∴ en donnera lecture sans nommer celui qui aura fait la proposition, et invitera ensuite les FF∴ à prendre des informations sur le sujet proposé et d'en rendre compte à la première assemblée à l'effet de pouvoir délibérer s'il y a lieu à nommer des commissaires.

De la dite proposition il ne sera fait aucune mention dans la planche des travaux du jour, ni dans celles des séances qui suivront, jusqu'au moment de la décision de la L∴ il sera ouvert à cet égard une feuille volante timbrée du sceau de la L∴ et revêtue de la signature du Vén∴ sur laquelle sera inscrite la proposition, et tout ce qui a rapport à cette affaire dans les séances suivantes, de sorte que si le sujet proposé venait à être rejetté il ne peut rien exister qui blessât son amour propre ; dans ce cas la feuille volante ainsi que le bulletin de proposition seront brulés en L∴ par le Vén∴ ; s'il est accepté, la planche des travaux du jour rappellera la date de sa proposition, et les résultats des scrutins qui auront eu lieu dans les séances postérieures à celle de sa présentation.

A l'assemblée suivante chaque F∴ sera invité à faire part des renseignemens qu'il aura recueillis ; les observations faites, le F∴ Orat∴ donnera ses conclusions tendantes à ce qu'il soit nommé ou non des commissaires ; dans l'un ou l'autre cas le Vén∴ fait compter les votans et distribuer le scrutin sur les conclusions de l'Orateur ; le scrutin recueilli, et présenté au Vén∴ par les FF∴ Experts il est dépouillé, et s'il se trouve en faveur des conclusions de l'Orat∴ le Vén∴ l'annonce et on y applaudit ; s'il est contraire aux conclusions, le Vén∴ l'annonce et on n'y applaudit pas.

Si le résultat du scrutin est qu'il sera nommé des commissaires, le Vén∴ les nomme, et les mêmes font leur rapport à la séance successive.

On observera au surplus les dispositions de l'article 374 ci-dessous rélativement au scrutin pour les affiliations qui est aussi applicable aux initiations.

Si le rapport des commissaires est favorable, on passe au dernier scrutin pour l'admission du profane, et si le même est favorable l'on fixe le jour de sa réception.

ART. 369.

Malgré que le candidat par le résultat des scrutins ait été admis à faire partie de l'assemblée, si cependant il parvenait à la connaissance d'un, ou plusieurs FF∴ qu'il n'est pas digne d'en faire nombre, il serait encore tenu le jour même de sa réception d'en faire part à l'assemblée qui délibérerait de nouveau, et pourrait encore le refuser.

ART. 370.

Le F∴ qui aura proposé le profane admis devra l'avertir de se mettre en régle près le F∴ Trésorier en payant sa cotisation, et de lui remettre l'acquit afin que ledit F∴ puisse le présenter en L∴ avant que la réception du profane soit comencée.

Art. 371.

Les FF.·. chargés de préparer le candidat, et ceux chargés de l'interroger, enfin tous ceux qui lui adresseront la parole devront autant que faire se pourra lui être inconnus, le Vén.·. fera remplacer les dignitaires et officiers que cette disposition empêcherait d'exercer leurs fonctions.

Art. 372.

Lorsqu'un F.·. demandera l'affiliation ; si c'est lui même qui la demande en L.·. où il aura assisté comme visiteur, le Vén.·. répondra à la demande que dans la séance suivante on s'occupera de la proposition ; si cependant il arrivait que par un mouvement spontané ce F.·. étant particulièrement connu de plusieurs membres de l'Att.·. une majorité paraissait désirer de le voir faire nombre de la Parfaite Amitié, le Vén.·. l'inviterait alors à couvrir le Temple pour un moment, et sur les conclusions de l'Orateur la L.·. délibérerait sur son admission, le scrutin secrêt ayant passé, on le ferait rentrer.

Art. 373.

Dans tout autre cas, soit que le F.·. qui demande l'affiliation, soit prescrit, ou qu'il l'ait fait demander par un F.·. de l'Att.·., ce F.·. mettra, ou fera mettre sa demande au sac des propositions, le Vénér.·. après en avoir donné lecture, invitera les FF.·. à prendre des informations, et à en faire part à la première séance ordinaire sur le F.·. proposé, la séance suivante, les FF.·. sur l'invitation du Vén.·. feront part de ce qu'ils auront appris, et s'il ne se trouve aucun motif qui puisse s'opposer à l'affiliation, le Vén.·. sur les conclusions de l'Orat.·. fera procéder au scrutin, et s'il est favorable, ce F.·. sera prévenu de se trouver à la première assemblée, et on applaudira au scrutin.

Art. 374.

Dans le cas où des oppositions s'éléveraient contre l'affiliation, le Vén.·. consultera l'assemblée pour savoir s'il sera nommé des commissaires à l'effet de prendre de nouveaux renseignemens ; si l'assemblée est de cet avis, trois commissaires seront par le Vén.·. nommés secrétement, et à la prochaine assemblée ils feront chacun séparemment leur rapport par écrit qu'ils seront dispensés de signer ; ces rapports seront mis par écrit dans le sac des propositions qui circulera à cet effet ; le sac des propositions revenu à l'O∴, le Vén∴ fera la lecture des rapports, si tous les trois sont favorables, ou sur trois deux, l'Orat∴ entendu, on passera au scrutin pour l'admission ; si dans ce scrutin il existe trois boules noires, le F∴ sera rejetté sans retour : s'il en existe une ou deux, le Vén∴ invitera les FF∴ qui les auront mises à lui faire part hors la L∴ et sous le sceau du secret maçonique des motifs de leur opposition.

A l'assemblée suivante le scrutin circulera de nouveau, et dans ce dernier tour une seule boule noire suffira pour prononcer le rejet : la L∴ préférant conserver un F∴ qu'elle connaît à celui qu'elle ne connaît pas.

Art. 375.

Les propositions à l'affiliation seront faites par écrit, et indiqueront les noms, prénoms, âge, qualités civiles, maçon∴, le lieu de naissance, la L∴ à laquelle appartient, ou a appartenu le F∴ et depuis quel tems il est privé de pouvoir travailler.

Art. 376.

Si cependant le F∴ qui demande l'affiliation était domicilié dans l'O∴ et appartenait à une L∴ également en activité dans le même O∴ il ne pourrait être accepté avant que la L∴ de laquelle il faisait partie, et qui serait consultée à cet égard n'ait répondu.

Art. 377.

Il ne sera dérogé aux articles précédents qu'à l'égard des initiation ou affiliation de ceux qui justifieront d'un prochain départ par des preuves authentiques, les FF∴ étant alors considérés comme voyageurs, ils seront proposés à une séance ordinaire (ou même extraordinaire si le Vén∴ le juge à propos) dans laquelle le premier scrutin circulera, les deux autres scrutins circuleront à une autre séance, ou ordinaire, ou extraordinaire convoquée d'urgence par le Vén∴, et dont les planches de convocation feront mention.

SECTION QUATRIÈME.

Des Grades.

Art. 378.

Aucun F∴ n'obtiendra le deuxième grade qu'après avoir assisté au moins à cinq séances ordinaires, et qu'il n'ait atteint la 23.me année.

Art. 379.

Le troisieme grade ne sera accordé qu'après avoir également assisté a sept autres séances ordinaires à compter du jour de la réception au deuxiéme grade, et que celui qui doit lui être conféré n'ait atteint la vingtcinquième année.

Art. 380.

Indipendamment des conditions exigées par les articles 378 et 379, il sera de rigueur que l'Apprentif pour passer Compagnon sache répondre à toutes les demandes de l'instruction du grade d'Apprentif, et que le Compagnon pour obtenir la majorité puisse répondre à toutes les demandes de l'instruction de Compagnon.

Art. 381.

La L∴ pourra déroger aux dispositions des articles 378 et 379 en faveur seulement de ceux de ses membres qui se seront rendu utiles aux travaux par des talens particuliers utiles ou agréables, mais sans pouvoir déroger à l'article 380.

Art. 382.

Les FF∴ qui demanderont augmentation de salaire s'adresseront, savoir les Apprentifs pour passer compagnon, au second Surv∴, et les Compagnons aspirans à la Maîtrise, au premier Surv∴ , aux quels ils justifieront par la présentation d'un certificat d'être en régle auprès du F∴ Trés∴ tant à l'égard des mensualités et autres cotisations, que du dépôt du montant du prix du grade auxquels ils aspirent.

Art. 383.

Les Surveillans prendront note de ces demandes, s'assureront si les ouvriers ont réellement montré de l'assiduité aux travaux ainsi qu'il est prescrit aux articles 378. et 379, et d'après cet examen en feront la demande aux prochains travaux au Vén∴ qui, dans la L∴ du grade demandé fera passer le scrutin comme pour les initiations et les affiliations.

Art. 384.

On ne recevra jamais à un grade dans la même tenue où la demande aura été faite; cette L∴ sera convoquée extraordinairement pour ce sujet, et les planches de convocation feront mention des travaux dont on devra s'occuper.

Art. 385.

Il ne sera jamais procédé à plus de deux initiations dans la même tenue pour chacun des trois grades.